「やさしい」って、どういうこと？

アルボムッレ・スマナサーラ
Alubomulle Sumanasara

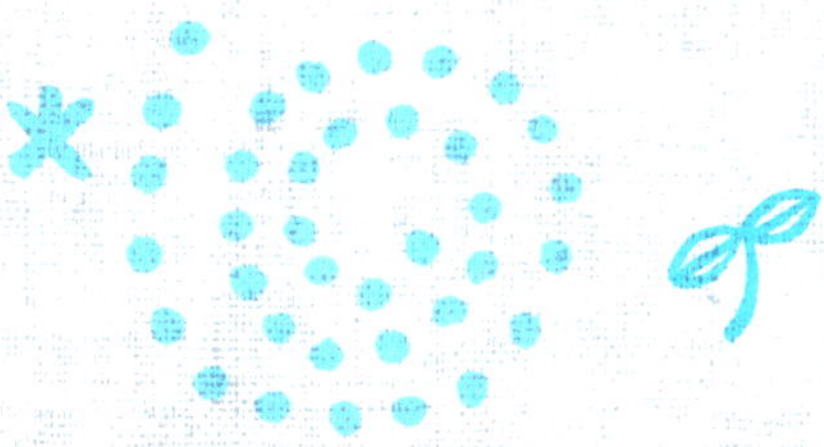

宝島社

「やさしい」って、どういうこと？

イラストレーション　玉城雪子
装丁　重原　隆

目次

やさしさについて誰も知らない・・・5
やさしくない世界・・・9
本当のやさしさ・・・25
エゴの治療法・・・63
一切生命の幸福のために・・・91

やさしさについて
誰も知らない

私たちは、毎日のように「やさしい」という言葉を使っています。やさしいかどうかは友達を評価するモノサシですし、テレビでは芸能人が誰かのことをやさしいとほめているし、歌や小説の主人公にはだいたいやさしいところがあるのです。ケータイメールでは、顔文字つきで飛び交っているのかもしれません。きっと皆さんは、やさしさの専門家なのです。

ところが不思議なことに、「やさしさとは、なんですか?」とたずねても、誰もしっかり答えられないのです。

「悲しいときになぐさめてくれるから、やさしい」とか「おいしい料理をつくってくれるから、やさしい」とか「ブランドの鞄をプレゼントしてくれたから、やさしい」とか答えるかもしれませんが、どれも「やさしいと思う理由」であって、

「やさしさ」自体の説明にはなっていません。

「とにかくそう感じるんだから」とか「やさしくされたことがあれば、わかるはず」とかいうのも、質問の答えになりませんよ。あいまいなまま、ごまかしているのです。答案用紙に絵を描いたようなものです。

結局、やさしさについて、誰も知らないのです。

それなのに自分が思う「やさしさ」を、疑ったことがないのです。

もちろん、それで万事がうまくいっているのなら問題ありません。誰もがやさしくて、幸せを感じていて、笑顔で過ごしているのなら、やさしさについて改めて考える必要はないのです。

けれども、実際はそうではありませんね。

やさしくしたら相手が怒ったり、親切のつもりが嫌がられたり、かまってもらいたいのに相手にされなかったり、そんなことがしょっちゅうなのです。世界は悲しいニュースであふれているのです。

だから私たちは「やさしさ」について、きちんと考えてみる必要があるのです。

なぜ私たちは、やさしくしてもらいたいのでしょうか？

どうしたら、やさしくしてもらえるのでしょうか？

どうしたら、やさしくできるのでしょうか？

いったい、「やさしさ」とは、なんなのでしょうか？

まるでやさしくないこの世界で、この問いに答えられる方が一人います。

それはお釈迦さま（釈尊、仏陀、ブッダ）です。

お釈迦さまは想像もつかないほど賢い方で、「真理」つまり「普遍的で客観的な事実」を発見しました。その真理にもとづいて、私たち一人ひとりが幸福に至る方法を、はっきりと教えてくれました。その方法は、今も昔もこれからも、ずっと私たちの生き方に役立ちます。お釈迦さまこそ、この上なくやさしい方なのです。

この本では、お釈迦さまが語った真理と、私たちが幸福に生きるための方法についてお話しします。

皆様が、釈尊の教えに触れる機会を得られたことを、祝福いたします。

やさしくない世界

豪華なグラスに毒入りワイン

私たちは、言葉で自分の考えを他人に伝えて生活しています。

その言葉がいい加減だと、どうなるでしょうか?

約束も、待ち合わせも、仕事も遊びも、まるでうまくいきませんね。生活が成り立ちません。

ですからきちんと意味を定義しない言葉には、気をつけたほうがよいのです。

「やさしい」という言葉には、この問題があります。意味がとてもあいまいで、矛盾していることもあります。「浮いた言葉」で、取り扱い注意です。

私は「言葉が浮いている」という表現をよく使います。単語というものは意味を持たなければなりませんが、「やさしい」のように定義があいまいな単語は、ふわふわと浮いていて、いろんなところに引っかかって、好き勝手に意味を取るのです。単語は意味という液体を入れるグラスのようなものなので、どんな液体でも入ってしまうのです。

豪華なグラスは魅力的です。つい手が伸びますし、安物のワインもひと味、ふた味違います。

けれども一〇万円もする豪華なクリスタルのグラスだからといって、高価でおいしいワインがついであるとは限りません。そこに青酸カリが入っていたら、どうなるか——。

「やさしい」という言葉は、まさに豪華なワイングラスなのです。誰もがキラキラとした輝きに眼を奪われて、いそいそと手に取ってしまいます。

けれど大事なのは中身です。うっかり毒をあおってしまわないように、「やさしい」という言葉の意味を、しっかり確認しましょう。

やさしい人は五つ星

私たちは「やさしいことは、いいことだ」と信じて疑いません。

だからやさしい人は、ずいぶん点数が高いのです。「あの人はやさしい」ということになれば、星が五つつくのです。「どんな人が好きですか?」というアンケートがあると、いつも「やさしい人」は上位です。私たちは、やさしい人が大好きなのです。

では私たちは、どんなときに「この人はやさしい」と思うのでしょうか?

「この人はやさしくない」と思うのでしょうか?

これは簡単ですね。

やさしいか、やさしくないかは、「相手が私の好む態度をとったかどうか」で、決まるのです。

「Aさんは私にやさしい」というなら、それはAさんが、私の喜ぶ態度、好む態度、期待する態度をとったということです。

逆に、「Aさんは私にやさしくない」というなら、Aさんが私の好まない態度、期待しない態度をとったのです。私の期待に応えてくれないAさんは、まったくやさしくない、失礼な奴というわけです。

あなたが「コーヒーが飲みたいな」と思っている。そこで誰かがコーヒーをすすめてくれたら、その人はやさしいのです。かゆい背中をかいてくれたら、やさしいのです。好きな音楽をかけてくれたら、やさしいのです。私たちは、他人が自分の希望、期待に応えてくれると、「やさしい人だなぁ」とうれしく思うのです。

やさしさの判定は私のエゴで

相手がやさしいかどうかは、私が独断と偏見で決めてしまいます。誰かの意見を聞いて客観的に判断したりはしません。もっぱら自分の自我、エゴ、自己中心的な強い自意識で決めているのです。

だから私たちは、やさしいかどうかの判断に悩むことはありません。「やさしい」「あまりやさしくない」「すごくやさしい」「やさしくない」。私たちは自分のエゴで瞬時にやさしさを判定することができます。私たちが「やさしさって何？」と真剣に考えたことがないのは、その必要を感じていないからなのです。

私たちは誰でも、社会に対して自分なりの「型」を持っています。その型は「他人が自分にどのような態度をとればよいか」という自己中心的なエゴのプログラムです。その型にはまるならやさしい人、型にはまらないならやさしくない人と、私たちは判別しているのです。

いつも自分の要求に応えてくれるやさしい人ばかりなら、とても居心地がいいのですが、現実は違います。一人ひとりのエゴの型は、ほとんどが合わないのです。白血病の人が骨髄移植を受けたくても、白血球の型が合う骨髄提供者はなかなかいません。それと似た理屈です。

「冷たい人ばかりだ」

「世の中は厳しいなぁ」

「現実は残酷だ」

こんな声をよく聞きますが、いずれも現実が自分の型に当てはまらないという嘆きです。

エゴの型が合わずに憎み合う

たまたま型が合う場合は、うまくいくのです。

兄弟はだいたい自然に仲良くしています。「お兄ちゃんは、いつも私にやさしい」と、ことさら意識しているわけではないのですが、仲良くしています。それは同じ環境で生まれ育つので、型がよく似ているからです。

それでも兄弟の性格が合わないことはありますし、あまりにもエゴが強いために憎み合う関係になってしまうこともあります。

こんな相談を受けたことがあります。

父親と折り合いが悪くて実家に寄り付かなかった兄が、父親が死んだとたんに

「家も財産も、ぜんぶ長男の私のものだ」と言ってきたそうです。すごく苦労して親の面倒を見ていた弟が、「ずっと親の面倒を見ていたのは私だから、家はください」と言っても、聞く耳を持たない。「お前は何十年も家賃タダで住んでいたではないか。本当は家賃を請求するところだが、そこまでは言わない。とっとと家から出て行け」と怒るのだそうです。病院に見舞いにも来なかったのに、葬式では何も手伝わずに弁当を注文して、弁当の代金も払っておけというのです。

少しはまともなら、「私は父さんとはずいぶん仲が悪かった。そんな人の財産は欲しくない。弟のお前がずっと父さんの面倒を見ていたのだから、財産はお前のものだ」くらいは言うべきところです。

せめて家族はやさしくあってほしいのですが、赤の他人ほどの人間関係もなくなって、敵同士になってしまっていることも珍しくないのです。欲がふくれあがってしまうと、もうぶつかり合うしかないのです。

してもらうばかりだと嫌になる

相手が負担に感じるまで欲張ると、相手に対する義理が生じます。おにぎり二個、三個なら、相手も「いいよ、いいよ。お互いさまだから」という感じなのですが、ステーキとなると、そういうわけにはいきません。こちらも何かお返しをしないと気が重くなるのです。それで自然な関係がギクシャクしてしまいます。自分がお返しをしたくなければ、「あっちに行け」という気分にもなります。ずいぶん身勝手なのですが。

とくに子供は、親に対してすぐにそんな態度をとるのです。

子供は親から限りなくやさしさを得て、無量に無限に命を助けてもらって、支えてもらって、育ててもらったので、親にはお返しができないのです。自分がまともな振る舞いができるなら、それは親のしつけの結果です。本人が努力して大成功しても、その土台には親のしてくれたことがあるのです。親への恩はあまりにも大きくて、返しきれるものではありません。それで子供は気が重くなって、「うるさい。あっちに行け」という態度をとることがあるのです。

自分の部屋に引きこもって好きなことをやりはじめた子供は、母親が部屋に入ってくるのを嫌がるようになります。

そこで母親が部屋に入らなければ、「うちの母親はやさしい」ということになります。

逆に母親が「ドアに鍵をして、インターネットで何をやっているのだろう」と心配して部屋に入ると、「勝手に部屋に入るな。パソコンに触るな。人権侵害だ」とものすごい剣幕で怒ります。まるで犯罪でも起こしたような態度をとるのです。

あれもこれも親があげたものです。子供には、親を邪険に扱う権利はまったくありません。親には子供を監督する権利があります。それなのに子供は、自由やらプライバシーやら、好き勝手にしゃべるのです。

やさしさを求めて群れをつくる

「こんな世界は嫌だ！」と引きこもるのは、自分のエゴの型が世間と合わないことに我慢できないからです。

「引きこもりなんて他人事でしょう」と思っているとしたら、それは違います。私たちは必ず何かのグループに所属していますが、これは一種の引きこもりなのです。「私たちは他とは違うんだ」とバリアを張って、似たもの同士の群れに引きこもっているのです。

人間の群れる習性はとても強く、いつでも「なんとかの会」「なんとかの組織」をつくっています。群れる仲間は型が似ています。大学には勉強好きが集まりますし、暴力団には暴力的な人しか入りません。面白いことに、ヤクザはヤクザなりにやさしいのです。世間と敵対しているぶん仲間意識がすごく強くて、仲間のためならなんでもやります。

「群れる」ことは「引きこもる」ことですが、同時に「群れ以外のすべての人間を排除する」ことでもあります。私たちは、やさしさを求めて内向きに引きこもり、外向きに排他的になってしまうのです。

「やさしくしたい」の下心

基本的に人間は「やさしくしてほしい」だけです。自分の希望をかなえてくれるのが一番。他人のために骨を折るのは避けたい。できればそういうのは無視したいのです。「やさしくしたい」と考えることもあるのですが、それは相手を自分のものにしたいからです。

人は「自分の欲しいもの、してほしいこと」に対応してもらえると、「この人はやさしい」と思います。それで高級ブランド鞄が好きな女性と付き合いたい男性は、それを買ってあげたりするのです。自分の欲を満たしてもらった女性は、高級鞄がなくては困るわけではありませんが、「この人はやさしい」と思います。そこで関係が成り立つ可能性があります。

もちろん女性が、プレゼントをもらっただけで付き合うわけではありません。相手の性格や容姿も厳しくチェックします。別に好きな人がいれば、なびくこともありません。もらうと義理が生じるようなプレゼントなら、断ったりもします。

そのあたりは駆け引きで、人間はいろんな工夫をします。相談に乗ったり、冗談を言ったり、十八番を歌ったり、ビールをついであげたりするのです。

なぜそこまでするかというと、「この人と仲良くしたい」という欲を満たすためです。「やさしくして、やさしくしてもらえる関係になろう」ということです。「やさしくしたい」というのも、自分の欲を満たすための戦略なのです。

ボランティアのやさしさ

ボランティアの人には「やさしくしてあげたい」という気持ちがありますが、相手と付き合いたいとか、仲良くなりたいとか思っているわけではありません。

欲を満たしていると明確にはいえません。被災地に行って、炎天下にがれきを撤去したり、仮設テントで物資を仕分けしたりするのは大変です。ボランティアはかなり苦しいし、楽ではありません。

ただボランティアをすることで、「人を助けてあげました」「有意義なことをしているのだ」という精神的な見返りを得ているのは確かです。それは大変な心の栄養です。ボランティアで働く人がいきいきしているのはこのためです。この見返りがないと、誰もボランティアをやりません。お世話になっている側からの感謝がないと、あっさり活動中止になってしまうのです。

人殺しだって、やさしくしてほしい

人は誰でも、とにかくやさしくしてほしいのです。「厳しくしてください」と言う人は、一人もいません。子供は「勉強しなくても、宿題を忘れても、とにかく私を怒鳴るなよ」という態度でいるのです。いくら悪いことをしても、「親は私をしかってはいけませんよ。なんでしかるの?」と思っているのです。

人を残酷に殺した人間でも、自分にはやさしくしてほしいのです。「あなたが人を殺したのもしかたがないですねぇ」「あなたは悪くありません」「無罪になる方法を一緒に考えましょう」とか言ってほしいのです。そう言われると大変気分がいいし、そう言ってくれる人は世界一やさしい、ということになります。「なぜ、そんなことをしたのだ」とか責められると、自分のしたことは棚に上げて腹が立つのです。

生きるために必要なものが欠けている

結局、世間のやさしさは、エゴなのです。自分に都合がよければやさしくて、都合が悪ければやさしくない、そういうことです。それだけのことなのに、私たちは「やさしいから、良い」「やさしくないから、悪い」と信じて疑ったことがありません。

なのに誰一人として、自分が求めるやさしさがエゴだと、わかっていません。なぜ自分がやさしさを求めるのか知りません。生きるために何が必要か、必要をはるかに超えて自分が何を欲しがっているのか、研究したことがありません。私とは何か、誰も何も知りません。私たちは「ただ生きている」のです。

皆、空気を吸って、空気を吐いて、ご飯を食べて、トイレに行って、寝て、起きて、学校に行って、友達と遊んで、会社で働いて、結婚して、夫婦喧嘩をして、出産して、子供を育てて、歳をとって、病気になって、死ぬのです。何をしたというほどのこともありません。私たちは、ただ生きているのです。

しかし、生きるために必要なものが欠けていると、生きていけなくなります。私たちが生きるのに失敗ばかりしているのは、生きるために必要なものが欠けているからなのです。

自分に欠けているものは、他人から得るしかありません。「生きるとは何か？」について学ぶなら、唯一この問いに正解したブッダの話を聞くしかないのです。

本当のやさしさ

「外から入ってくるもの」で生きている

人は一人では生きていけません。どんなエゴイストでも一人で生きるのは無理です。ときどき「私は一人で生きているのだ」という態度の人がいますが、勘違いもいいところです。傲慢で頭が悪いことを宣言しているのです。

なにしろ私たちは、外から入ってくるもののお陰で生きているのですからね。一人で生きているどころではありません。生命は外から命を注いでもらわないと、死んでしまうのです。

そうでしょう？

ご飯も空気も、外から入ってくるものです。肉体の維持管理には、外から入ってくる物質が絶えず必要なのです。科学的に「生きるとは何か？」と考えてみれば、おのずとこの答えになるのです。

生命からの刺激が必要

外から入ってくるものは、物質だけではありません。どんな生命も、物質だけでは生きていけないのです。

動物園の動物も、エサを与えるだけでは病気になって死んでしまいます。だから自然に近い空間にしたり、仲間と暮らせるようにしたり、飼育係が遊んであげたりしているのです。

人間も同じです。食べ物と水と空気がなければ死にますが、それがあれば人生がうまくいくわけではありません。そこがとても重要です。

人間には、いろんな「刺激」が必要なのです。眼から耳から鼻から舌から身体から入ってくる刺激が必要なのです。

その刺激は、他の生命からもらわないとうまくいきません。食べ物だけで十分なら森の木の下で一人で暮らせばいいのですが、そうはいきません。木を見て、滝の音を聞いて、というのでは満足できません。身体に刺激が欲しいからといって、木に身体をぶつけても物足りない。やっぱり生命とのぶつかり合いが欲しいのです。滝の音よりは鳥の声のほうがいいし、鳥の声より人の声のほうがいいのです。

地震の被災者には、住むところと食べ物だけでは不十分です。やはり精神的に応援してもらうことが必要です。ボランティアの人が一緒に生活して話し相手になってくれたりすると、苦しみがやわらぐのです。

私たちには「生命からの心地よい刺激」、やさしさが必要なのです。ご飯を食べるのでも、ＢＧＭを流して誰かと話をしながら一緒に食べたいのです。私たちが、美しい人、格好のよい人、声のよい人、料理が上手な人、身のまわりを世話してくれる人にひかれるのも、彼らが期待どおりの刺激を与えてくれるからです。やさしさは、私たちの命を支えるために必要な刺激なのです。

「自分に心地よい刺激を与えてくれる人」は、とてもやさしい。そういう人は、自分が生きていくのに欠かせない、とてもありがたい人です。わかりやすくいえば、「やさしさ」という刺激は、私たちの「命」なのです。だから私たちは誰かと仲良くして、しゃべったり、しゃべったことを考えたりして関係ができあがるのです。

「やさしさ」は必要だけど、あってはならない

人間には、他人との関係、他の生命との関係が必要です。その関係が期待どおりなら、「やさしい」ということになります。ペットが自分の期待どおりに対応してくれるなら、「うちのペットはやさしい」ということになります。飼っている犬がまるで言うことを聞かず、顔を見ると吠えかかってくるようだと、「やさしくないからどこかにあげてしまおう」という話になります。

ところが、やさしさは必要不可欠なものであると同時に、「あってはならないも

の」でもあるのです。

それは他人に「やさしさ」を求めることが、「自分の要求を満たしてくれと、他人に頼むこと」だからです。つまり、やさしさは「他人を自分のために使用すること」なのです。

これは、あってはならないことでしょう?

エゴが強い凶暴な人は、自分のために他人をとことん支配してしまいます。支配者側は搾取し、支配される側は搾取されます。社会は二つに分かれてしまって、少数が満足してやさしさを味わうのと引き換えに、大勢の人々が苦しまなくてはならなくなるのです。やさしさを求めるあまり、弱肉強食の世界になってしまっているのです。だから「やさしさ」は、私たちが生きるために必要ですが、あってはならないものなのです。

ここに至って私たちは、まったく違う次元でこの問題を見なくてはならないのです。

「私」ではなく「この一個の生命」と考える

私たちは、弱肉強食の世界で四苦八苦しています。私と他の生命は、いつでも奪い合っているのです。「私」と「他」の対立から、苦しみが生まれているのです。

では「私」がなければ、どうなるでしょうか？　「私が、私が」というエゴを捨てて、より客観的に、より普遍的に物事を見て、「生命が」と考えればいかがでしょうか？

「生命が」と考えるなら、これもあれもすべて生命です。そこに自と他の区別はなく、対立は生じません。

だから心安らかに生きたいのであれば、「私」という単語をできるだけ使わずに、一個の生命の立場で考えればよいのです。

「生命のことはわかりません」と言うかもしれませんが、自分も一つの生命なのです。生命という視点・角度で見れば、生命として自分と他の生命に共通しているところがいっぱい見えてきます。ですから、生命として自分を見てみましょう。

「無数の生命のなかで、この一つの生命はいかがでしょうか?」と。

生命のネットワーク

そこで突然、自分のまわりに膨大な数の生命が出現するのです。

そのすべてが、自分に協力してくれて、自分を成り立たせてくれる生命です。

そういう「生命のネットワーク」が、できあがってしまうのです。

「無数の生命のなかで、この自分という一つの生命が、他人からやさしくされたいと思っている」

「自分という生命は、他人のやさしさによって生きている。他の生命の協力がなければ、今ここにいる自分という生命は生きていけないのだ」

「この生命は、自分だけ独立して自由勝手に気ままに生きているのではない。他の生命の協力によって成り立っているのだ」

無数の生命のなかの一個の生命として自分を見たとき、このような世界が広がるはずです。普遍的に生命の状況が見えてくるはずです。

そうなってくると、その他の生命が、この生命と違う法則で生きているわけがないこともわかりますね。ただの一個の生命ですから。

ここで私は、「生かされている」という単語は使いたくないのです。それは間違いの世界です。

「生命は成り立っている」のです。無数の生命の協力によって、今ここにいる自分という生命が成り立っているのです。他の生命もまた、他の生命によって成り立っているのです。

生命はギブ＆テイク

自分は、独立して存在しているのではありません。生命のネットワークのなかの一項目です。一つの中継点です。

生命のネットワークの一員である一個の生命は、他の生命と正しい関係を維持しなければなりません。そこで成り立つ相互的な関係が「正しいやさしさ」であり、「生命の法則」でもあるのです。

一〇〇〇人の協力によって自分という一人の生命が成り立っているなら、一人の生命は一〇〇〇人となんらかの関係があるのです。幸せに生きるには、「それはどういうつながりでしょうか?」とよく見て、そのつながりを大事にするのです。

生命Aが生命Bの心に必要な刺激を与えるならば、生命Bも何か必要な刺激を生命Aに与えているのです。相手は何か受信したくて、送信してくるのです。こちらから発生する刺激がない場合は、向こうから送ってきません。だから生命はギブ&テイクです。受信だけではなくて、送信もしなくてはいけないのです。別なところから、また刺激を送信してきてくれたら、それに合わせて相手が必要な刺激を送ってほしいのです。

この「生命のネットワーク」を、インドの言葉で「ジャーラ」といいます。「網」という意味です。ジャーラは「心に、生きるために必要な刺激データを与える生命のネットワーク」です。

本当のやさしさ

小さな子供が「お母さん」と呼びかける。それは、お母さんから何か刺激をもらいたいからです。それでお母さんは子供に向けて、「一人でおトイレに行けたの？　えらいね」とかほめてあげる。そうやって何か刺激を発信してあげるのです。

仕事から帰ってきた旦那さんが、「ただいま」と言う。それを家族が「お帰りなさい」「おつかれさま」と迎える。

そうやって命がつながっているのです。

これは自然なことで、特別なことではありません。

しかしこれが「本当のやさしさ」なのです。

「やさしくいる」ということは、そんなに難しいことではないのです。自我を張らず、よけいなことを考えないで、自然の流れで生きていれば、その人はやさしいのです。

誰にも迷惑をかけません。誰も損をしません。弱肉強食ではなく、これは共存主義なのです。これが「あるべきやさしさ」なのです。

世間のやさしさとはぜんぜん違うのですが、「自分が生きるために必要な刺激をもらうこと」を「やさしさ」というならば、これこそが「やさしさ」なのです。やさしさの定義は変えていませんが、別物なのです。

ネットワークは無理がない

あなたは胸が痛くなったら、どこに行きますか?

床屋さんに行って「胸がすごく痛くて苦しいのです。なんとかしてください」と言うでしょうか?

そんなことはしませんね。病気のときは病院に行くのが当たり前です。病人が床屋さんに駆け込んでも、床屋さんにはどうすることもできませんから、「無茶を言わないでください」と断られるでしょう。

病院は「患者さん、どうぞ来てください」という場所だから、患者の要求に当然のように応えてくれます。そこで人間関係のトラブルは起こりません。

髪が伸びたら、病院ではなくて床屋さんに行くでしょう。床屋さんが「髪を切ってくれなんて、困ったもんだ」とは言いません。張り切って好みのスタイルに仕上げてくれます。

お医者さんはヘアカットの要求には応えられません。お医者さんが髪を切ってくれないからといって、「やさしくない」と文句を言うのはナンセンスです。

こういう例で見ると、「ネットワークは自然だ。無理がない」と見えるでしょう。そこら辺がうまくいくと、社会は成り立つのです。つまり、それぞれが自分の仕事をすればよい、それだけの話なのです。

そこに「欲しい」という欲が割り込むと、ネットワークがダメージを受けます。

床屋さんが「カリスマ美容師になるぞ」と欲張ると、料金がどんどん高くなって、お客を選別するようになって、お店が傾くかもしれません。

病院が「金持ち向けの高級な病院にしよう」と欲張ると、お金のない病人を排除することにもなるのです。

「必要」を満たすのは簡単

本当のやさしさは、エゴのない「生命」という次元なので、必要以上を求めません。「欲しい」というところまではいかないのです。

「必要」も突き詰めるとわがままで、エゴですが、なくては生きていけないので、そこに文句は言えません。子供なら、育ててもらうのに親が必要なのです。

子育てでは、ご飯を食べさせるのはもちろん、ものすごくたくさんのことをしてあげなくてはなりません。一生懸命、ほめてあげたり、なぐさめてあげたり、じゃれてあげたりしなくてはならないのです。それに文句は言えませんし、何も問題はありません。

必要なものは、ないと命に関わりますが、それを用意してあげるのは難しくありません。お腹が空いている人におにぎりを二個、三個あげるのは、そう負担にはならないでしょう。

一つの生命の立場で、他の一つひとつの生命との関係を見ると、相手から何を要求されているか見えてくるものです。

それが相手にとって「欲しいもの」でなく「必要なもの」であれば、必ず与えることが可能です。与えられないものが必要であることはありません。子供は「お母さん、マンガ買うからお小遣いちょうだい」と言うかもしれませんが、「お母さん、空を飛ぶから翼をちょうだい」とは言わないのです。

だから私たちが必要なことだけわきまえていれば、問題は起きないのです。

「欲しい」を満たすのは難しい

けれども現代人は、「必要」ということをとっくに忘れてしまっているのです。

誰も「必要」と「欲しい」をきちんと区別していません。軽々と「必要」のレベルを超えて「もっと欲しい」というところまでいってしまうのです。むしろ「欲しい」だけで生きています。いつでも「欲しい」という欲の感情に振り回されているのです。

「必要」のレベルを満たしてあげるのは簡単ですが、「ほしい」を満たしてあげるのは困難です。無理をしないとできません。相手の好物ばかり揃えてもてなすのは、かなりの負担になるのです。

そこから、ありとあらゆる問題が生じるのです。

ネットワークは因果法則

生命は、いつでもバランスを整えています。草食動物の数が減っていくと、肉食動物の数も減っていきます。一〇〇頭のシカに対して、トラが一〇〇頭いることはありません。シカが三頭子供を産んでも、トラが産むのはせいぜい一頭、二頭で、それも毎年ではありません。そこでいつでもバランスが成り立っているのです。

生命は、こうした生命のネットワークのなかでのみ存在します。好き勝手に動くことはできませんし、独立も不可能です。ネットワークから切り離された生命は、電線から外された電球が光らないように、生きていけません。

生命のネットワークは、無数の生命の相互関係によって成り立っている因果法則なのです。

生まれたならば、生きていける

生命のバランスが成り立たないところでは、生命は消えてしまいます。

ですから「私がいる」ということは、バランスが崩れていないということです。

他の生命にとって、こちらから要求する刺激は、なんのことはなく与えられるものです。他の生命がこちらに要求するのは、その生命がこちらに必要なものを何か与えてくれているからです。欲が暴走しなければ、生命のネットワークはこのようなベーシックな部分で成り立つようになっているのです。

だから生まれたならば、生きていけます。バランスを崩さない限り生きていけます。

世界には、このように考える人はまずいないので、ひどくバランスが崩れていて、大変なのです。日照り続きで食べ物がないようなところもありますが、そういったところではバランスが崩れてしまっている可能性があります。

「生かされている」は殺人者への感謝の言葉

どんな生命でも無数の生命の協力によって「成り立って」います。「生かされている」という言葉に私が反対なのは、この言葉を使うと相手側が「上」になるからです。「生かしておいてやろう」と言う誰かがいることになるからです。

しかし「生かしておいてやろう」と言うなら、「殺したいところだけど、生かしておいてやろう」ということです。これは因果法則を知らない人の傲慢な言葉です。

「私は神に生かされている」というなら、「神は私を殺したい」ということです。それで神に感謝するとは、どういう話でしょうか。

そもそも一切の生命は対等であって、「生かしておいてやろう」と言う権利は誰にもないのです。

当然、わがまま放題ではうまくいきませんから、死ぬかもしれません。でもそれは、協力がカットされて命が成り立たなくなったということであって、誰かに殺されたわけではありません。

因果法則をわきまえた立場で言うべきは、「威張るものではないよ」「エゴ、自我を捨てなさい」ということです。これは生命のネットワークの成り立ちを正しく理解した言葉です。

「威張るものではない。生かされているのだから」というのは、前半はいいのですが、後半は間違っているのです。

自分が成り立っているネットワークを見てみよう

本当は、エゴを捨て去って、一切の生命の立場で世界を見なくてはならないのですが、いきなりは無理だから、最初は自分のできる範囲で考えるとよいと思います。

自分という生命は、どの程度のネットワークで成り立っているでしょうか？ 見渡してみてください。

都会に住んでいると、眼に入るものはほとんど人がつくった物ということもあります。ビル、道路、車、ガードレール、アスファルト、靴、靴下、ズボン、スカート、ボタン、布、糸、ベルト、上着——。考えるときりがありません。眼に入るあらゆるもの、身に着けているもの、ぜんぶ膨大な数の誰かによってつくられたものなのです。部屋にいると、自然のものは自分の身体くらいかもしれません。

それだけでも人は喜びを感じることができるのです。「自分という生命は、数え切れない人に支えられて生きているのだ」と。それで「寂しい」とか「一人だけだ」とかいう気持ちは、たちまち消えてしまいます。

眼の前にあるクッキー一つにしても、レシピを考えて、味を調整して、色形を考えて、材料を買い付けて、工場を手配して、製造ラインを確保して、働く人を雇って、材料をこねて焼いて、パッケージを考えて、注文を取って、配送して、棚に置いて、それをあなたが買ったから、ここにあるのです。これにしても、ずいぶんざっくりした話で、材料の小麦粉、チョコレート、砂糖にも膨大な人が関わっています。クッキーというものの成り立ちにも歴史的な背景があって、数え切れない人が関わっているのです。

ネットワークのパーツとして振る舞うこと

生命のネットワークのなかで「もっと、もっと」ということは成り立ちません。

はじめからそんな自由はないのです。自分がいるネットワークのパーツとして振る舞わないと、ネットワークには迷惑な存在です。

このネットワークはインターネットに似ていて、中継点のどこかが故障しても大丈夫です。迂回してデータをやりとりできるので、ネットワーク自体がダメになることはありません。それでも壊れた中継点につないでいる人は迷惑です。だから「もっと、もっと」という人は、ネットワークから切られて、孤立してしまいます。欲張りすぎると、死んでしまいます。

それが世間の人の態度なのです。好き好んで苦しみを味わっているのです。気楽に楽しく生きていないのです。

「どうして私が」は、くだらないエゴ

その都度、その都度、誰がやればいちばん効率がよくて仕事が早いか、自然の法則で成り立っています。「この場合は、あなたの仕事だよ」というのが歴然とあ

るのです。

上司に「お茶を入れてくれ」と言われたら、「はい、わかりました」と持っていけばいいのです。

そこで「どうして私が」というのは、くだらないエゴです。

もっとも、エゴのないまともな会社なら、手が空いている人がお茶を入れるだけの話です。バリバリ仕事をしている人が手を休めると、仕事の効率が下がって会社にもよくないのだから、役職など関係ありません。ＯＬの人が一生懸命仕事しているなら、課長や部長がお茶を入れていいのです。そうすれば疲れている人にも喜ばれて仕事がはかどるでしょう。会社の雰囲気もよくなります。それでちゃんとネットワークにつながっているのです。

お母さんが味噌汁をつくっているときに赤ちゃんが泣いたら、お父さんが「はいはい、どうしたの」とあやせばいいでしょう。そこをテレビ見ながら、台所の奥さんに「泣いてるぞー」とえらそうに言うなら、ネットワークを壊しているのです。

誰がやってもかまわない

社会は「オレはえらいんだぞ」と言いたいエゴの塊のために、よけいなしきたり、習慣をつくっています。

西洋社会では、リムジンのお客さんが乗り降りするとき、運転手さんが何もかもしてあげるのが格好いいということになっています。運転手さんは、ぐるっと回って後部座席のドアを開け閉めして、お辞儀をして、急いで運転席に戻らなくてはならないのです。

どうして降りる人が、自分でドアを開けてはいけないのでしょうか？　乗る人が自分でドアを開けてはいけないのは、なぜでしょう？　時間の無駄で、すごく効率が悪いのですが、世間はそれが正しいと思っているのです。

スイスに行ったとき、帰りの飛行機が早朝便になりました。あちらではスリランカ大使がいろいろ便宜を図ってくれたのですが、朝早くに私が発つと聞いた大使が、「うちの運転手だと間に合いませんから」と運転してくれたのです。大使は国の代表で、格好をつけるために運転手がいるのですが、運転手も嫌な顔をせずに助手席に座りました。

これはまったく自然です。仏教の人だから、「私は大使だ」とか「運転手なのに」とかいうことはないのです。「大使の専用車に、一般のお坊さんを乗せるわけにはいかない」ということもありません。

誰がやってもよいのです。固定的に「これはこの人がすべき仕事だ」ということは、ありません。どうやって能率、効率をよくするのかを考えて、そのときに上手にできる人がさっと動くだけでよいのです。それはいつでも、ものすごく自然に出てきます。「この人だ」と。これは自然法則です。法則にしたがうなら、それ以外に選択肢はないのです。

エゴさえなければ自然に成り立つ

仏教が言いたいのは、「生命の法則を理解して、自然に生きなさい。よけいなことを考えるなよ」ということです。これだけで人間が救われる道を示しているのです。

だから私たちが、エゴを張らずにいつも自然に生きているなら、素晴らしい社会なのです。それがやさしい社会です。わざわざ「やさしさ」を振り回す必要はありません。本当のやさしさは、自然でいることなのですから。

「仕事はあるけど、疲れたから休んじゃえ」というならエゴです。「疲れて上手に仕事ができなくて、このまま続けても迷惑がかかるから休もう」というなら、自分中心でないから自然です。そのとき代わりにできる人がいたら、バトンタッチしてもかまいません。

お釈迦さまは、朝まで比丘たちに説法することがありましたが、長い間座っていると持病の腰痛がひどくなることがありました。そうなると、サーリプッタ尊者に「腰が痛くなりました。横になります」と言って代わってもらいました。サーリプッタ尊者が話を続けて、またお釈迦さまが話を継ぐこともありましたし、そのまま終わって、「サーリプッタの言ったことはそのとおりである。私が言っても同じである」とおほめになることもありました。

「ここで誰がやるべきか」ということは、エゴさえなければ自然に成り立つのです。本当のやさしさは、まったく難しくないのです。格好をつける必要はありません。エゴを捨てるだけのことです。「私が、私が」というエゴを捨てて、「一つの生命です」「人間社会の一人のメンバーです」と自然に振る舞えばよいのです。

みんないろいろな能力を持っているのだから、それを正しくＴＰＯを考えてネットワークに提供してはいかがでしょうか。上下関係も肩書きも関係ありません。適した人が適した仕事をすればよいのです。

料理はもっぱら旦那さんという家もあるでしょう。そういう家では、奥さんより旦那さんが早く上手に料理をつくるということで、ごく当たり前に旦那さんが料理をしているのです。女性に生まれたから料理が上手ということはないのだし、男は外で力仕事をすることが多いから、自然に家にいる女性が料理をしてあげることが多くなっただけの話です。料理は奥さんの仕事とか、男が料理するのは格好悪いとか、そんな固定観念はくだらない。その時点でやさしくない社会が成り立っているのです。

自然の流れで生きること

エゴがないなら、物事はなんのことはなくスムーズに動くのです。「私は手が離せないから、あなたお願い」と言うことさえありません。「誰に向いた仕事だろう?」と考えることもありません。せいぜい上の空の人に「ちょっと汚れていますかね」とか言うだけで、「あ、やります」ということになります。

「どうして私がテーブルを拭かなくちゃいけないんだ?」というなら、それはエゴです。誰がやってもいいのです。手が空いている人がやればいいのです。

あれこれエゴで考えて行動すると、トラブルが起こります。とても幸せで楽しく生きたいのであれば、よけいなことはしないことです。すごく素直に、自然の流れのなかで生きていれば、ものすごく幸せになります。

女性がお化粧するときでも、流行とか、他の女性のこととか、あれこれ考えると、とても難しくなります。「ああ、どうすればいいだろう」とか考えると、自我が働きだしてしまいます。

そうではなくて、自然な流れで、「出かけなくちゃいけないから」くらいの軽い気持ちでやればいいのです。踏ん張って化粧して、自分を派手に見せる必要はありません。夜に出かけるなら、「祝い事だし夜になるから、ちょっと光る感じにして明るい雰囲気にしましょう」と、全体の雰囲気がよくなるようにすればいいのです。それなら気楽に楽しめます。そんな女性は、きれいに着飾ったり、上手に化粧をしていたりしなくても、誰よりもうまくいっているはずです。

空気のごとく、水のごとく

「やさしさ」というのは、ごく自然に生きることです。自己中心にものを考えないことです。「自我がない」ということが、「やさしい」ということなのです。「自我がある」と、「やさしい」ではなくて「恐ろしい」のです。私たちは、お互いに依存しあって、エゴで結びつけあって、離れないようしている状態を「愛」と呼んでいますが、愛はとても恐ろしいものなのです。

本当の「やさしさ」は、自然のネットワークのなかでなんのことはなく、空気のごとく、水のごとく、「私」がない状態でいることです。エゴのない人は、空気のようにすべての生命と関係を持っていて、とてもありがたいのです。

ときどき私たちは、空気に仕事をしてもらいます。タイヤや風船に空気を入れると、空気は自我を出さずに、ちょっと固くなってくれます。風船が割れたら、なんのことはなく、ただの空気に戻ってわからなくなります。

私たちも時と場合に応じて、母親になったり、父親になったり、子供になったり、社員になったり、お詫び係になったりと、いろいろな仮の役割を果たさなければなりません。そのときは正しくその役割を果たせばよいのです。「会社では社長だけど、街を歩いているときはただのおじさんだ」「学校では先生だけど、家に帰ったら父親だ」「家では父親だけど、母さんの前ではやっぱり息子だ」と自然にやればいいのです。それは論理的に正しく、シンプルで、まったく無理がない、とても素晴らしい生き方だと思います。

空気でさえも、「オレがいるんだぞ」とエゴを示すときは危ないのです。風がないと空気を認識することもありませんが、風が強くなると認識できます。台風、暴風雨になると、大きな損害を与えます。竜巻になると、家も車も上空に放り投げて、通過したあとは何もかもなぎ払われているのです。

しかしただの空気に戻れば、とてもありがたい存在で、誰にもなんの問題もなく、どこにでもいるのです。

死にたい？　それとも、生きていたい？

エゴで生きるか、エゴを捨てて生きるか、それは個人の自由です。誰の世話にもならずに独立して生きることはできませんが、それくらいの自由はあります。

わがままでエゴで生きている人は、ネットワークにエゴというウイルスを送っているのだから、ネットワークから切り離されて、自然に死滅するだけです。

ですから「エゴを捨てなさいというけれど、エゴを捨てるのが難しいのだ」と言うならば、「死にたいですか？　生きていたいですか？」と聞きたいのです。

生きていたいでしょう？

ときどき「生きていたくない。もう死んでしまいたい」と言う人がいますが、そういう人は、とっくに生きていません。生きることに完璧に失敗して、精神的に死んでいるのです。肉体を維持するだけで四苦八苦しています。

生命なら生きていたいのです。それはごく自然です。

だったらエゴを捨てるしかないのです。

「エゴで幸せに生きている人もいるのではないか」と言うかもしれませんが、そんな人は一人もいません。

エゴで生きている人のなかには、金と名誉と地位を得て、大きな家に住んで高級車に乗って生活している人がいるかもしれませんが、その人の心は瀕死の重症です。欲、怒り、嫉妬、後悔、落ち込み、そんな暗い刺激で生きているのです。

安らぎを感じて幸福に生きたいのであれば、もうエゴを消すしかないのです。それしか道はありません。

エゴを捨てて、ネットワークで自然に出てくる義務を果たすなら、ネットワークはあなたに必要なものをぜんぶ用意してくれます。満たされて生きていられます。

怒りの連鎖反応

エゴは本当に恐ろしいのです。自分のことだけを考える殻をつくって、その中ですべてのものを判断します。命を支えるために、外から栄養、刺激を受け取りますが、エネルギーは自分の殻の中だけで回っているのです。

エゴの人は、その殻の中で「これはやさしい」「これはやさしくない」などと、身勝手に決め付けます。これが「世間のやさしさ」で、人によってバラバラです。それは「自然に成り立つネットワーク本来のやさしさ」とは、似ても似つかない代物です。

エゴの人にも、たまに自分のエゴと型が合う生命がいますが、ほとんどの生命は合いません。

するとエゴの人は、気に入らない生命をつぶしにいくのです。

生命のネットワークでは、生命を殺してはいけない、いじめてはいけない、侮辱してはいけないのです。自分を含めたあらゆる生命がネットワークの部品なのだから、当然のことです。なのにエゴの人は、してはいけないことをすべてするのです。

エゴの人が怒ると、他の人も怒ります。その連鎖反応で、ウイルスはどんどん広がります。エゴの人は、エゴのウイルスをよそに送りこんで、他の人も病気にしてしまいます。だからネットワークでは、一人でも怒るととても危ないのです。

生命は、自分のことしか知らない

生命にエゴがあるのは、構造上の大きな問題があるからです。

生命は、自分の眼耳鼻舌身意という六つの器官から刺激、情報を得て生きています。眼で見て、耳で聞いて、鼻で嗅いで、舌で味わって、身体で感じて、頭のなかでいろんなことを考えているのです。そのため、自分の中にこの刺激の実感があります。それで思考が回転して、「私があるのだ」と錯覚するのです。自我、エゴという錯覚は、このようにして自然に生まれてしまうのです。

このようなカラクリがあるために、すべての生命には「自分のことしか知らない」という問題があるのです。生命は、生命がネットワークであることを考えたこともないのです。

だからトラブルを起こさない生命はいません。間違いを犯さない生命もいません。悩まない生命もいません。落ち込まない生命もいません。いつの社会であっても、過去も現在も未来も、ネットワークはむちゃくちゃに壊れているのです。

スーパーコンピュータ

そのなかにあって、エゴのない生命がいたらどうなるでしょうか?

エゴがない人は、「私がやってやるぞ」の「私」というエゴがありません。だから常に客観的な立場で、「この仕事は誰がやるといちばんよいか」ということを知っています。

ウイルスだらけで、まともに機能していないネットワークのなかで、そこだけにはウイルスがありません。だからネットワークがものすごく効率的に機能しています。そこを通るときだけ、データは問題なく行ったり来たりします。間違ったデータを送っても、必要な返事だけが返ってきます。

だからエゴのない人は、他の生命と比較して桁違いに尊いのです。

ある人が「これ、さっさとやれよ！」と言ったとします。ここには、怒りも傲慢も入っています。

エゴがある人はこう思うでしょう。

「なんだこの人は。えらそうに怒鳴ったりして、人にものを頼む態度を知らない。仕事がやりにくいんだよ」

この人がその仕事をやるにしても、嫌々ふてくされた態度でするでしょう。

一方、エゴがない人はこう思うのです。

「この仕事は必要だ。私がやりましょう」

怒って頼んだ人も、こういう態度で見事にさっさとやってくれるので、「ああ、よかった」という気持ちになります。それで怒りのウイルスまで消えてしまいます。

エゴがない人は、ただのデータの中継点ではないのです。ネットワークのなかで光り輝く、素晴らしいスーパーコンピュータなのです。皆がエゴをなくすことができれば、スーパーコンピュータだけをつないだ信じられない生命の心のネットワークになるのです。

エゴの治療法

エゴさえ治せば、ネットワークは流れる

理論的にいえば生命のネットワークは見事なもので、大変いいものです。

しかしそれはあくまでも理論的な話で、事実としてはそうではありません。

すべての生命がエゴという伝染病にかかっているために、ネットワークではデータと同時にウイルスが行ったり来たりしているのです。だから生命のネットワークは、まったくうまくいっていないし、これからもうまくいくわけではありません。エゴのせいで、自然に成り立つやさしさが、じっさいには絵に描いた餅になっているのです。

ただ、生命のネットワークについてここまで説明してきたことをしっかり理解

すれば、エゴはかなり沈静化します。厳密にエゴを消し去らなくても、ぎりぎりまで薄くすれば、そこで正しいやさしさが成り立ちます。仲良く、やさしく生きることができるようになります。

それでも病気が完全に治ったわけではありません。いつ再発しないとも限りません。しかもエゴは感染力の強い伝染病なので、エゴの患者をネットワークに置いておくわけにはいかないのです。

ですから私たちは、このエゴという病気を治しましょう。それさえ治せば、ネットワークは滞りなく流れるのですから。

エゴの治療1　自分の基本的な希望を認める

治療の第一は、自分の基本的な希望を認めることです。

人間には「自然法則的に成り立つ希望」があります。

「幸福になりたい」

「悩み苦しみは嫌です」
「努力は実ってほしい」
「自分が何をやるべきか、すぐにひらめいてほしい」

これらは「欲望」ではありません。生命であれば、このぐらいの希望はあって当然です。そして生命であれば、生命に本来ついている希望は、かなうべきものです。魚が「きれいな水がほしい」ということを「とんでもない欲張りだ」と言う人はいないでしょう。魚はきれいな水がないと、生きていけないのですから。

だからまず、私たちは「自分にはこのような希望があって、それは変なものでも、わがままでも、エゴでもなく、生命たるものの本来の希望である」と、しっかり認めることです。「私が幸せでありますように」という気持ちを、「魚がきれいな水を求めるように素直なことである」と理解するのです。そこからウイルス退治が始まるのです。

エゴがある人は、「幸福に生きたい」という自分の基本的な希望を認めていないのです。

一応、「幸せになりたいと思います」と表面的に思っているのですが、「死にたい」と思うこともあるし、「私には幸せになる権利がない」と思ったりもするのです。なかには「そんな気持ちの悪いことは考えたくもない」と言う人もいる。

みんな精神的に派手にイカレています。魚がきれいな水を期待するのは、何も悪くありませんよ。

人間はエゴの病気にかかっているから、このことをなかなか理解しないのです。だから何度も、自然法則的に成り立つ希望を、自分の頭に言い聞かせたほうがよいのです。それができたらウイルスがなくなって、自分というネットワークのポイントがしっかりするのです。

エゴの治療2　まわりの生命も自分と同じ希望を持っていることを認める

ネットワークはデータのやりとりですから、自分だけで幸福になることはできません。自分だけ幸せで、まわりはすべて不幸せということは、ありえません。

そこで次に、自分と直接関係のある生命も、自分と同じ基本的な希望を持っていることを認めるのです。

「まわりの生命も、幸福になりたいと願っている」

「まわりの生命も、悩み苦しみは嫌ですと願っている」

「まわりの生命も、努力は実ってほしいと願っている」

「まわりの生命も、自分が何をやるべきか、すぐにひらめいてほしいと願っている」

このように思うのであれば、自分がネットワークに送るデータには、ウイルスが入らないのです。怒り、憎しみ、傲慢、嫉妬を撒き散らすことはありません。

これで自分と自分のまわりの人とのネットワークはうまくいきます。データは滞りなく行き来します。

エゴの治療3　一切の生命が自分と同じ希望を持っていることを認める

ネットワークは、無量、無限の生命で成り立っています。

そこで「魚がきれいな水を求めるのは当たり前のことだ」という気分で、次のように自分に言い聞かせます。

「一切の生命が、幸福になりたいと願っている」

「一切の生命が、悩み苦しみは嫌ですと願っている」

「一切の生命が、努力は実ってほしいと願っている」

「一切の生命が、自分が何をやるべきか、すぐにひらめいてほしいと願っている」

このように腹の底から思うようになったとき、エゴは完全になくなっています。これで一つの生命が一丁上がり、ということになります。

この生命は大変尊く、光り輝く素晴らしい生命です。この生命と関わるまわりの生命の苦しみも減っていきます。

ただまわりの生命も、同じ方法で自分の病気を治さなくてはならないのです。それは自分が出すウイルスをエゴのない生命がブロックしてくれたからといって、自分の問題が解決したわけではないからです。自分にはエゴのウイルスがあるので、治療しなければならないのです。

このようにして、すべての生命がエゴをなくしたとき、たちまち世界は変わり、スムーズな世界が現れるのです。

あなたに対する世界の態度が変わる

「すべての生命の幸せを願う」というと、「他の生命をなんとかしてあげることができるのだ」と思うかもしれませんが、そうではないのです。「あなたがエゴをなくしたら、あなたが確実に幸福になります」「あなたがエゴをなくしたら、他人があなたに迷惑をかけることさえできなくなります」ということです。

こちらにエゴがないと、エゴでなぐられてもなんともないのです。

「この仕事をさっさとやれ！」と怒鳴られても、エゴのない人は、怒りは取らずに、さっさと仕事をしてしまいます。第一、この人はすべきことをさっさとやってしまうので、エゴの人が怒る余地はありません。

もちろんエゴの人の病気が治ったわけではないので、他の人には相変わらず怒鳴ったりするのです。

ただ、エゴのない人に対しているときはエゴが発病しないので、安らぎを感じて穏やかに気持ちよく接するのです。

やってみれば、すぐにこの治療方法の効果がわかります。雰囲気が明るくなった、環境がよくなった、まわりの人がやさしくなった、と思います。

自分に対しては、みんなやさしい笑顔を見せてくれる。頼まなくても、「あなたのことならやってあげますよ」と進んでやってくれたりする。

そうなってくると、「なんか環境が変わったなぁ」と思うのも無理はないのですが、それは神秘的なものでもなんでもありません。エゴがない人に対しては、世界の態度が好意的だということです。「自分の瞑想のパワーで相手の心が変わりました」という話ではありません。これは自然法則、因果法則なのです。とても具体的なことなのです。

侮辱されても、侮辱しません

パレスチナ人も幸せになってほしい。ユダヤ人も幸せになってほしい。イラク人も幸せになってほしい。アメリカ人も幸せになってほしい。チェチェンにいるイスラム人も幸せになってほしい。ロシア人も幸せになってほしい。みんなみんな幸せになってほしい。動物も魚も昆虫もバクテリアも、あらゆる生命が幸せになってほしい――。そのような心になってほしいのです。

テロリストもエゴから現れます。「あいつらとは関係を持ちたくない。殺してやりたい」というのはエゴです。だから彼らをエゴで攻撃しても、テロは消えないのです。それどころか、テロリストにさらなるテロの理由を与えるだけです。テロリストには「君が私を侮辱しても、私は君を侮辱しませんよ」というのが正しいやり方なのです。

「テロに甘いのはけしからん。なぜやり返さないのか」と問われたら、「そんな気持ちの悪いことは、できないのです」「その人が私を侮辱して気が済むなら、べつにいいいんじゃないですかねぇ」と答えることです。それが正しい生き方なのです。

エゴの治療4　私が嫌いな人、私を嫌いな人の幸福を願う

「あなたが私の子供を殺しても、私はあなたの子供を援助しますよ」という生き方は、エゴがない尊い人間でないとできません。でもそれが、三段階の瞑想を実践することで、すぐにできるようになるのです。

しかしエゴというのは、ものすごく性質の悪いものなのです。隠れていて、突然発病する可能性があります。だから隠しておくわけにはいきません。

そこであえて、「私の嫌いな人々も幸せでありますように」「私を嫌っている人々も幸せでありますように」と自分の頭に言い聞かせるのです。

これを本気でやると、やがて「嫌いな人？　そんな人はいませんよ」「私を嫌いな人？　とくにいないのでは」「悪口？　好きにすればいいでしょう」となります。念じる対象がなくなるので、「私の嫌いな人々も幸せでありますように」「私を嫌っている人々も幸せでありますように」と念じられなくなって、空回りします。

自分が競争で負けた相手にも、べつになんの引っかかりもない。誰かが勝って、誰かが負けて、ただそれだけのこと。敵でもライバルでもありません。

そういう人はもう人間を超越しているのです。お釈迦さまは「その人はとっくに神になっている」と言っています。

西洋では、神におねだりしたりお願いしたり、神を恐れたりしますが、仏教では、いとも簡単に「あなたは神になりますよ」と言うのです。「あなたにはライバルも、敵もいません」と。「誰もがあなたの仲間であって、味方であって、子供であって、兄弟である」と。あなたにそういう世界が現れるのです。たとえ虫であっても友達に見える。あなたには、それが楽しくてたまらないのです。

以上のような方法で、私たちはエゴという病気を治さなくてはならないのです。

「正しいやさしさ」は四段階

愛はとても緊密な結びつきで、お互いが依存し合っている関係です。だから一神教では、信徒と神を愛で結びつけているのです。「私が神を愛するから、神が自分を愛してくれる」という関係です。とてもスケールが小さくて硬直しています。偉大なる思考ではなく、偉「小」なる思考です。それなのに世間は、愛という依存関係をやさしさと勘違いしているのです。

お釈迦さまは違います。一切の生命、無制限の生命を見て、正しいやさしさとはなんなのか、真理として語り続けているのです。

正しいやさしさは、私たちに理解しやすいように四段階に分けることができます。これは私たちがエゴをなくすための実践として、やりやすい段階でもあります。順に見ていきましょう。

正しいやさしさ1　友情（慈）メッター

「友情（慈《じ》）メッター」は最もわかりやすい感情です。

生命はネットワークなので、お互いさまのギブ&テイクです。お互いに「ありがとう。助かりました」という関係なのです。一緒に話をして、一緒に遊んで、一緒に食事して、「今日は楽しかったね」「ほんとだね。ありがとう」と言葉を交わして家に帰る。そういう気持ちのよい関係です。

誰もが支配されたくないのですから、支配し、支配される上下関係はよくありません。私たち生命は、弱肉強食ではなくて、「私が困ったら助けてね。君が困ったら助けてあげるよ」という友達の関係になるべきなのです。「お互いさま。誰がえらいということもないんだよ」と。

誰もが友達になりたいだけなのです。友達になるために自分の権利を失うわけではありません。お互いに相手の権利を認めれば、友情が成り立つのです。

犬を飼っていても、主従関係では面白くありません。やっぱり友達関係だと、犬としてもやりやすいのです。犬は犬の人生で、気楽に生きていられます。人間みたいな生活をしていても、たまには犬らしいことをやりたいのです。ストレスが溜まるのですからね。友達だったらやらせてあげますよ。「そんなに吠えたいなら、吠えてもいいよ」と。

このようにして、すべての生命に友情を広げることが、正しいやさしさの第一段階なのです。

そこで友情の心を育てるために、「自分は友情が欲しい。誰も奴隷なんかにしたくないんだ」と自分に言い聞かせます。

次に「親しいネットワークにも友情が欲しい」と自分に言い聞かせます。

さらにその心を無限に広げるために、「一切生命にも友情が欲しい」と自分に言い聞かせます。

「魚がきれいな水を欲しがるのは当たり前でしょう」というレベルで、「一切生命が友情を期待するのは当たり前だ」と思うようになったら、メッターの心は完成です。やさしさの第一段階は完成です。

正しいやさしさ2　抜苦（悲）カルナー

生命は友情だけを期待しているわけではありません。友情の気持ちが育てば、そのことがよくわかってきます。悩んで苦しんでいるときには、「助けてくださ い」という気持ちもあるのです。そこで友情の次に見えてくるのが、「抜苦《ばっく》（悲《ひ》）カルナー」なのです。カルナーは、「苦しんでいる人をなんとかして助けてあげたい」という気持ちです。

生命は平等ですが、けっして均等ではありません。肉体も、生きている環境も違います。どう踏ん張っても、同じにはなりません。なかには「欲しいもの」どころではなくて、「必要なもの」もなかなか揃わない生命がいるのです。

「欲しいもの」がなくても人はとても幸せですが、「必要なもの」がないと、人は幸せではありません。健康は必要なのに、病気になったりする。食べ物は必要なのに、十分な食べ物がない人もいる。智慧は必要なのに、智慧がなくていろいろなトラブルを起こす人もいるのです。

このように世界には、必要なものがなくて苦しんでいる人が、たくさんいるのです。

そこで自分に必要なものが揃っているならば、なんとかしてあげるのです。のどが渇いている人に飲み水を一杯あげる。身体が痛くて歩くのも大変な人には、肩を貸してあげる。そういうのは生命として当たり前のことです。

鳥や動物を見ると、なんの教育もないのに弱い子供を守ってあげています。彼らは、そんなことは当たり前だと思っているのです。私たちもそうやって弱いものを助けてあげるのは、ごく普通のことです。それには何も理由はいりませんね。「どうして一羽ずつヒナ鳥の口の中に餌を入れなくちゃならないんだ？」という質問は、あまりにもレベルが低いのです。そうしなければ、死んでしまうのです。

人間の赤ちゃんでも、食べさせてあげて、身体を拭いてあげて、おむつを替えてあげてと、いろいろしなくちゃならないのです。「なんだこれ、やりたくない」

というのでは話になりません。ちょっとしたことで不安になったり、泣いたりする赤ちゃんを、「だいじょうぶ、だいじょうぶ」となぐさめてあげるのは当たり前のことです。小さいのだから。

みんなエゴがありすぎてしまって、「自分だけ幸せになれば十分だ。自分の問題さえ解決すれば、他人のことはほうっておきますよ」という生き方をしていますが、人間には「苦しみをなくしてあげたい」という気持ちが、おのずとなくてはならないのです。理屈はありません。「どうして?」と聞くなら、あまりにも変です。病気です。ひもじくて苦しんでいる人を前にして、「知るもんか。好きなだけ食べてやるぞ」というのは異常です。

完璧になんでも揃っているという人はいないのです。誰だって、自分だって、病気になったり歳をとったりするのです。「困ったな」という人がいたら、助けてあげるのは当たり前です。それはネットワークの仕事です。

カルナーが身につくと、生命のことをより深く理解できるようになります。「生命にはそれぞれの生き方があって、それぞれ苦しみがあって、同じではないのだ」

と。友情だけでは理解が浅いのです。カルナーが身につくと、人間には人間の生き方がある、男には男の、女には女の生き方があるとわかります。犬には犬の生き方がある、ゴキブリにはゴキブリの生き方があるとわかってきます。

生命の生き方はそれぞれですが、それはエゴではありません。ネコが壁でツメを研ぐのは、ネコのエゴではありません。それがネコの生き方なのです。「カラスがゴミ箱を荒らして迷惑だ」という話が、私にはわかりません。カラスはぜんぜん迷惑ではないのですよ。カラスはカラスなりに食事をしているだけです。それが迷惑ということは成り立たないでしょう。ゴミが散らかったら、ほうきで集めて捨てればいいのです。どうってことはありません。

生命をエゴ、自我で見るから、ネコが迷惑、カラスが迷惑と、他の生命に残酷な態度をとるのです。それでは頭が悪すぎます。

カルナーは、やさしさの第二段階です。カルナーが実践できるようになれば、より心が広い人間、生命のことを理解できる人間になります。

正しいやさしさ3　喜　ムディター

カルナーの心ができた人には、やさしさの第三段階があります。それが「喜《き》ムディター」です。

生命は均等ではないので、幸福で、問題なく、楽しく生きている生命もけっこういるのです。生命のネットワークは無制限に大きいので、成功している人も無制限にいます。努力が実ったとか、試験に合格したとか、金メダルを取ったとか、卒業論文を認めてもらったとか、うまくいって笑っている生命が、たくさんいるのです。

そこでエゴの人は、幸福な生命に嫉妬して、暗い感情でわざわざ自分をいじめるのです。「私もやってやるぞ」「負けるもんか」と無理に挑戦して、なおさら自己破壊してダメになります。ちっぽけな生命が無制限にいる幸福な生命に嫉妬するわけですから、ネットワークから弾かれますし、つぶされます。

ムディターは、幸福な人々を見て「ああ、とてもよかった」と思う気持ちです。他人の喜びを自分の喜びのように持ってくるのです。すごく心が広くなっていて、無数にいる他人の成功を我がことのように喜べるのです。自分は小さな人間で何をしたというわけではなくても、友達が成功したら自分のことのように喜んでしまうのですから、ムディターの人には無限に喜びがあります。自己嫌悪に陥ることもありません。

成功する人は、自分のことを我がことのように喜んでくれる人を、とても大事にします。彼らは社会で成功していて人に与える能力があるので、まっ先にムディターの人に恵みを与えます。

けれども幸福な人を見て、「ああ、よかったなぁ」と思うのは難しいものです。どうしても、「あの人の幸福を認めない」「どうして自分ではないのだ」という嫉妬が出てきます。他人が成功して幸福になると、何かケチをつけたくなるのです。「いつかボロが出るでしょう」と待ち構えて、成功していた人がちょっとうまくいかないと、一斉にワイワイと悪口を言ったり、つぶしてやるぞと張り切ったりもするのです。

人間は不完全ですから、欠点も間違いもありますが、成功している人はつぶされてもくじけることなく頑張ります。落ち込んだらダメですが、落ち込まずに別なところで挑戦するなら、技術があるのでうまくいきます。そういうわけで成功者に嫉妬しても、なんの意味もないのです。

だから若夫婦と赤ちゃんの家族が楽しそうにしていたら、「なんてほほえましい」と自分も幸せを感じてほしいのです。

若者が夜の街で踊りの練習をしていたら、「ああ、平和だなぁ。幸せだな。まぁ頑張ってください」とニッコリしてほしいのです。反抗期だから家にはいたくないけれど、親が食べさせてくれるから仕事をする必要もない。それで外で仲間と遊んでいるのですが、麻薬を使うわけでもなく、誰に迷惑をかけるわけでもなく、まじめに楽しく踊りの練習をしているのです。

このように他人の喜びを見て、「ああ、よかった」というムディターの気持ちを育てると、なおさらエゴが消えてしまって、人格がすごく広くなっているのです。

ムディターの心が育ったら、智慧が現れて、すべての生命のこともかなりわかっているはずです。

正しいやさしさ4　捨　ウペッカー

メッターの場合は、生命の観察が細やかではありません。

カルナーの場合は、苦しんでいる生命しか対象になりません。

ムディターの場合は、幸福な生命しか対象になりません。

そこで四番目に、苦しんでいる生命だろうが、喜んでいる生命だろうが、そのどちらでもない生命だろうが、一切の生命を平等な気持ちで見て、「不幸な生命もいて、幸福な生命もいて、不幸でも幸福でもない生命もいて、それぞれが自分の生き方で頑張っているのだ」と、平等な心をつくるのです。その心が「捨《しゃ》　ウペッカー」です。とても難しいのですが、これは智慧を広げる実践です。「私もあなたも、生命として平等だ。犬と私も生命として同じだ。ゴキブリと私はものすごく姿形が違うけれど、生命として平等だ」という心を育てるのです。

ウペッカーの心がある人には、智慧が現れています。その人には、「今の瞬間に何をするべきか」ということが、なんのことはなく見えます。

「愛」というのは使ってはいけない単語です。そうではなくて慈（メッター）・悲（カルナー）・喜（ムディター）・捨（ウペッカー）という四つの感情が正しいのです。この感情が、生命に対する基本的な法則の実践になります。これが本来のやさしさ、自然に、素直に生きるために育てるべきやさしさなのです。

「自然に」といいながら「育てるべき」というのは矛盾していると思うかもしれませんが、誰にもエゴ、自我があるので自然にできないのです。だからこのような方法でエゴの病気を治療して、完璧に健康な生命をつくりあげる必要があるのです。

「慈悲の瞑想」で正しいやさしさを育てる

「慈悲の瞑想」は、エゴを治療して、「正しいやさしさ」を育てるための実践です。ここまで説明してきたことを、実践しやすい形にしたものです。

慈悲の瞑想は誰にも簡単にできて、その効果をすぐに実感することができます。この世界でたった一人でも慈悲の瞑想をするなら、その人はたちまちこの上ない安らぎを体験して、自然に笑顔がこぼれます。寝る前に唱えるなら、悪い夢も見ません。朝起きて唱えるなら、心が軽い一日になります。通勤通学の電車の中でも、待ち合わせの合間でも、いつでも、どんなときでも、好きなだけ繰り返して、自分に言い聞かせてください。

言葉は、静かに心にしみこんでいくように、丁寧に丹念に念じます。何人かで一緒に実践するときは声を出して唱えることもありますが、一人のときは、声を出さなくてかまいません。背筋と頭をまっすぐにして、眼を閉じてください。

私は幸せでありますように
私の悩み苦しみがなくなりますように
私の願いごとが叶えられますように
私に悟りの光が現れますように
私は幸せでありますように
（「私は幸せでありますように」と心の中で繰り返し念じてください）（三回）

私の親しい人々が幸せでありますように
私の親しい人々の悩み苦しみがなくなりますように
私の親しい人々の願いごとが叶えられますように
私の親しい人々に悟りの光が現われますように
私の親しい人々が幸せでありますように（三回）
（「私の親しい人々が幸せでありますように」と心の中で繰り返し念じてください）

生きとし生けるものが幸せでありますように
生きとし生けるものの悩み苦しみがなくなりますように

生きとし生けるものの願いごとが叶えられますように
生きとし生けるものに悟りの光が現れますように
生きとし生けるものが幸せでありますように（三回）
（「生きとし生けるものが幸せでありますように」と心の中で繰り返し念じてください）

私の嫌いな人々も幸せでありますように
私の嫌いな人々の悩み苦しみがなくなりますように
私の嫌いな人々の願いごとが叶えられますように
私の嫌いな人々にも悟りの光が現れますように

私を嫌っている人々も幸せでありますように
私を嫌っている人々の悩み苦しみがなくなりますように
私を嫌っている人々の願いごとが叶えられますように
私を嫌っている人々にも悟りの光が現れますように

生きとし生けるものが幸せでありますように（三回）

※日本テーラワーダ仏教協会のホームページで、著者による読唱が聴けます。
http://www.j-theravada.net/3-jihi.html

一切生命の幸福のために

私たちは「やさしさ」を求めて、互いに傷つけあって苦しんでいます。

けれど本来、その必要はないのです。

エゴをなくせば、自然の流れで生きていけます。だから「もっと欲しい。もっと、もっと」と、暗い欲に苦しむことはないのです。

すべての生命はつながっていて、お互いさまで生きています。その「生命のネットワーク」が、「本当のやさしさ」なのです。

これは俗世間にある見方ではありません。それで仏教を「出世間」というのです。仏教は、世界が発見しなければならない真理の世界なのです。

真理はじりじりとあるのですが、なかなか発見しにくいのです。

科学にしても、発見するのは身のまわりのごく普通のことです。学者がニュートリノの存在を証明したとしても、その人がニュートリノをつくったわけではありません。太陽が現れたその日から、ニュートリノは大量に流れていたのです。私たちはそれを知らなかったのですが、ある日、その人が発見したのです。地球が丸いことも、落ちるリンゴに重力が働いていることも、科学者が発明したわけではないのです。ずっと前から私たちの眼の前にあった事実なのです。

私たちが幸福に生きるために発見しなくてはならない真理もまた、不可思議なものではありません。しかもお釈迦さまが、答えを出してくれているのです。「これが真理です。このように生きるなら、幸せになります」と。

だから私たちは「それはどういうことでしょう?」と、自分で実践して確かめればよいのです。それは誰にでも簡単にできるのです。

よけいなエゴをなくすだけで、幸福に生きることは可能です。あなたと一切生命の幸福のために、エゴをなくすことにチャレンジしていただきたいと思います。

生きとし生けるものが幸せでありますように。

アルボムッレ・スマナサーラ

アルボムッレ・スマナサーラ　Alubomulle Sumanasara

1945年、スリランカ生まれ。13歳で出家得度。国立ケラニア大学で仏教哲学の教鞭をとったのち、80年に国費留学生として来日。駒澤大学博士課程で道元の思想を研究。05年、スリランカ上座仏教シャム派総本山アスギリヤ大寺にて日本大サンガ主任長老に任命される。06年、国内3カ所に戒壇を設立。現在は、日本テーラワーダ仏教協会の長老として伝道と瞑想指導に従事している。NHKテレビ『こころの時代』出演のほか、朝日カルチャーセンター講師としても活躍中。『ブッダの智慧で答えます　生き方編』（創元社）『わたしたち不満族』（国書刊行会）『原訳「法句経（ダンマパダ）」一日一悟』（佼成出版社）『ブッダ—大人になる道』（筑摩書房）『ブッダの実践心理学』（藤本晃氏との共著）『現代人のための瞑想法』『ブッダの道の歩き方』（立松和平氏との共著）『仏弟子の世間話』（玄侑宗久氏との共著）『迷いと確信』（山折哲雄氏との共著、以上サンガ）『仏教は心の科学』『希望のしくみ』（養老孟司氏との共著）『般若心経は間違い?』（以上宝島社）など著書多数。

日本テーラワーダ仏教協会　http://www.j-theravada.net/

「やさしい」って、どういうこと?

2007年10月6日　第1刷発行
2009年9月19日　第3刷発行

著者　アルボムッレ・スマナサーラ
発行人　蓮見清一

発行所　株式会社　宝島社
〒102-8388　東京都千代田区一番町25番地
電話：営業 03（3234）4621
　　　編集 03（3234）3692
振替：00170-1-170829（株）宝島社

印刷・製本　図書印刷株式会社

ISBN978-4-7966-5955-0